Theo von Tanningen

Ein Weihnachtsbaum mit Lampenfieber

KATHARINA MAUDER
HORST HELLMEIER

Theo von Tanningen

EIN WEIHNACHTSBAUM MIT LAMPENFIEBER

ess!inger

INHALT

1. DER WELTBESTE WEIHNACHTSBAUM ... 11
2. FREUNDE, DIE PIKSEN, BEIẞEN NICHT ... 23
3. EIN TANNENBAUM BRAUCHT URLAUB ... 35
4. LEISE RIESELT DIE FREUNDSCHAFT ... 47

5. KEINE ZEHN FÖRSTER ... 58

6. ADVENT, ADVENT, EIN GEBURTSTAGS-
LICHTLEIN BRENNT ... 70

7. EIN WEIHNACHTSBAUM MIT LAMPENFIEBER ... 82

8. EINE WUNDERWOHLIGE WALDWEIHNACHT ... 94

1. DER WELTBESTE WEIHNACHTSBAUM

Ein kalter Dezemberwind weht über die Bäume und Sträucher des Sternenwaldes. Er schmückt sie mit winzigen Eiskristallen, die in der Morgensonne glitzern. Welch herrliche Ruhe! Und selbst das gelegentliche Pfeifen eines Vogels und die gedämpften Schritte des Försters im Laub stören nicht den stillen Zauber, der über dem Wald liegt. Als ob etwas ganz Besonderes bevorsteht …

„Oje, oje, oje! Ich halt's nicht aus! Gleich kommt er zu dir, Theo!", ruft Igel Luis mit riesigen Augen und rollt sich zur Kugel zusammen.

„Ja, jeden Moment ist es so weit! Fast ist er da! Wahnsinn!", plappert Eichhörnchen Millie ohne Pause und kann kaum stillhalten. „Bist du aufgeregt? Richtig aufgekratzt? Nicht, dass dir gleich alle Nadeln auf einmal ausfallen."

Millie schnappt entsetzt nach Luft und wetzt einmal im Kreis um Luis und Theo herum.

„Ach du Schreck, das wäre wirklich schlimm!", antwortet Luis besorgt, während er sich wieder aufrollt. „Alle Nadeln auf einmal?!" Behutsam streicht er über seine Stacheln.

Theo von Tanningen seufzt und lächelt seine besten Freunde voller Wärme und Zuversicht an. „Jetzt beruhigt euch doch mal, ihr beiden! Erstens ist eine Edeltanne wie ich nie aufgekratzt. Zweitens bleiben meine Nadeln genau da, wo sie sind. Und drittens: Natürlich bin ich bereit! Schließlich habe ich genau auf diesen Moment hingearbeitet, seit ich ein kleines Tannenkind war", verkündet er entschlossen und spürt, wie seine Äste verheißungsvoll rauschen.

Eichhörnchen Millie atmet hörbar auf. Und Luis beginnt sogar zaghaft zu lächeln.

Theo kann kleine Atemwölkchen aus ihren Mündern sehen, so eisig pfeift der Winterwind um diese Jahreszeit über den Rand der Sternenwald-

Lichtung. Alle Bäume, Sträucher und sogar der Waldboden sind mit einer hauchdünnen Eisschicht überzogen und glitzern zauberhaft in der Morgensonne. Auch Theo selbst funkelt, als dürfte er schon einmal für seine Zeit als Weihnachtsbaum üben.

„Heute ist der wichtigste Tag meiner bisherigen Karriere als Tannenbaum!", erklärt Theo voller Stolz. Und sogar die anderen jungen Tannenbäume, die sonst immer nur ganz ruhig und ordentlich neben ihm stehen, recken aufgeregt ihre Zweige.

Theo schaut hinüber zum Sternenwald-Forsthaus, und das wohlig warme Gefühl unter seiner Rinde wird noch stärker. Förster Tobias, Försterin Anne und ihre Tochter Greta sind nämlich die liebsten Menschen der Welt. Theo hat solches Glück, dass sie ihn großgezogen haben.

„Jahrelang bin ich kräftig gewachsen und habe die schönsten Nadeln sprießen lassen. Und dank unserer weisen Baumschul-Lehrerin Fiona Fichte habe ich alles gelernt, was ein Tannenbaum wissen muss: kerzengerades und stattliches Stillstehen, sanftes Hin- und Herwiegen zu den schönsten Weihnachtsliedern, Beruhigen von angriffslustigen Katzen …"

„Pssst, da ist der Förster", zischt Luis nervös und huscht hinter einen Busch. Auch Millie verschwindet wie ein roter Eichhörnchen-Blitz auf einem hohen Baum.

Und dann ist es endlich, endlich so weit! Förster Tobias kommt mit großen, gewichtigen Schritten ganz nah an Theo heran und nimmt den Tacker aus seinem Werkzeuggürtel.

Theo spürt, wie all seine Nadeln anfangen zu kribbeln. Fühlt es sich etwa so an, wenn sie ausfallen? Oh weh, hat Millie etwa recht?!

Da greift der Förster nach Theos wunderschöner Spitze, wickelt ein Stück rotes Band darum und tackert es fest. „So, mein Kleiner! Was für ein prächtiger Baum doch aus dir geworden ist! Auf eine Tanne wie dich kann ein Förster wirklich stolz sein", raunt er lächelnd, und Theo spürt eine klitzekleine Harzträne in seinem Auge.

Als der Förster zum nächsten Baum geht, wetzt Millie aus ihrem Versteck. „Waaaaahnsinn! Du hast es geschafft! Wie fühlt sich das an? Bist du glücklich? Traurig? Überglücklich?"

Auch Luis huscht herbei und räuspert sich schniefend. „Meinen allerherzlichsten Glückwunsch zu deinem glorreichen Abschluss von der Sternenwald-Baumschule. Dein Zeugnisfähnchen steht dir wirklich hervorragend!"

„Ihr seid großartig!" Theo ist ganz gerührt, wie sich seine Freunde für ihn freuen! Und er selbst ist so stolz und glücklich, dass er fast platzen könnte. „Ihr habt immer an mich geglaubt und mir Mut gemacht. Und nun werde ich zum weltbesten Weihnachtsbaum aller Zeiten, damit ihr stolz auf mich sein könnt. Heiliges Tannenbaum-Versprechen!"

„Blitz und Hagelwetter! Also ich wäre ja stolz, wenn ihr mal weniger blödes Zeug quatschen könntet. Da wird ja die Tanne im Tal verrückt!"

Natürlich! Man kann keinen einzigen schönen Moment erleben, ohne dass Horst vom Forst dazwischenknarzt. Theo blickt seufzend zu der alten Nordmanntanne, die nur ein paar Meter entfernt von ihm steht. Genau wie die Baumschul-Lehrerin Fiona Fichte ist Horst einer der alten Bäume, die um die Gruppe der jungen Baumschüler herumstehen. Und wie

immer scheint er einen riesigen Spaß daran zu haben, so krumm und knorrig und knarzig wie nur möglich zu sein. Aber davon lässt Theo sich nicht die Laune verderben.

„Keine Sorge, Horst, bald bist du mich los. Denn ab heute darf ich mit einer Familie nach Hause", betont Theo und schüttelt mit stolzgeschwellten Ästen das kleine rote Fähnchen an seiner Spitze. „Nun kann ich endlich ein

Weihnachtsbaum werden, so wie alle Bäume von Förster Tobias und all meine Vorfahren. Hach, ich bin schon so gespannt, wer mich mitnehmen wird. Am liebsten möchte ich in das größte Waisenhaus des Landes, damit ich möglichst vielen Kindern ein wundervolles Weihnachtslächeln ins Gesicht zaubern kann."

„Auweia, jetzt fängt er schon wieder an!", knarzt der alte Horst.

„Sag mal, Theo, wenn du ein Weihnachtsbaum wirst, bist du dann gar nicht mehr bei uns im Wald?", fragt Igel Luis leise.

Theo hat das Gefühl, dass seine Nadeln ihn plötzlich selbst in den Stamm piksen. „Nein, dann werde ich bei den Menschen sein. Das geht leider nicht anders."

Da hält auch Millie mitten in ihrem Herumgeflitze inne und sieht Theo mit großen Augen an.

Theo spürt abermals die kleine Harzträne in seinem Auge. Diesmal fühlt er sich aber nicht stolz wie beim Erhalten seines Zeugnisfähnchens, sondern ganz schön traurig.

„Ich werde euch wahnsinnig vermissen und ganz viel an euch denken", beteuert er und muss schlucken. „Aber als Weihnachtsbaum kann ich die Menschen und vor allem die Kinder richtig glücklich machen", sagt er, um seine Freunde aufzuheitern.

„Und wie machst du das?", will Millie es nun genau wissen.

„Also an Weihnachten stellen mich die Menschen in ihr schönstes und liebstes Zimmer. Und sie schmücken mich mit vielen Lichtern, mit bunten Kugeln und Strohsternen und allem Möglichen, was ihnen gut gefällt – bis ich von oben bis unten wunder-, wunderschön bin." Theo erzählt alles, was er in der Baumschule von der lieben Fiona Fichte gelernt hat. „Dann legen der Weihnachtsmann oder das Christkind tolle Geschenke unter mich, die Menschen singen die herrlichsten Lieder und sagen vielleicht ein Gedicht auf."

„Das klingt wirklich wundervoll", haucht Millie. Und Luis nickt so begeistert, dass Theo die beiden am liebsten umarmen würde.

„Das absolut Wunderbarste an Weihnachten ist aber", fährt er fort, „dass genau in dem Zimmer, in dem ich dann stehe, die Menschen mit ihren liebsten Verwandten und Freunden zusammenkommen. Sie feiern gemeinsam, um sich ihre Liebe zu zeigen, und geben sich extra viel Mühe, freundlich zueinander zu sein. Und falls jemand doch mal traurig ist, dann kann ich ihn aufmuntern und ihm neue Hoffnung geben."

„Wo muss ich mich anmelden, um auch ein Weihnachtsbaum zu werden?", ruft Luis voller Begeisterung. „Schließlich habe ich auch Stacheln. An mir haben viele Lichter und

Strohsterne und hübsche Dinge Platz!"

Millie fängt lauthals an zu lachen, und auch Theo kann sich ein Grinsen nicht verkneifen.

„Ich fürchte, sie nehmen zur Zeit noch keine Weihnachtstiere", sagt er liebevoll. „Aber immerhin musst du dann nicht mehrere Tage stillhalten – mit Einkugel-Verbot."

„Na gut, schaaade!", antwortet Luis enttäuscht.

„Ja, wirklich zu schade", knarzt der alte Horst vom Forst dazwischen. „Je mehr Quasselstrippen zu den Menschen gehen, desto weniger sind hier im Wald."

Luis blinzelt Theo mit treuen Augen an. „Dann musst aber wenigstens du ein Weihnachtsbaum werden und den Menschen Freude bringen, Theo."

„Und du wirst der beste Weihnachtsbaum, den die Welt je gesehen hat", fügt Millie strahlend hinzu.

„Oh ja, hoffentlich", sagt Theo voller Vorfreude, endlich seiner Bestimmung zu folgen. Aber der Advent hat gerade erst begonnen. Und diese gemütlichen Wochen sind im geheimnisvollen Sternenwald besonders magisch. Deshalb ist Theo auch überglücklich, erst noch etwas Zeit mit seinen besten Freunden verbringen zu können. Und er hat so ein Gefühl, dass das der beste Advent seines ganzen Lebens wird.

2. FREUNDE, DIE PIKSEN, BEIßEN NICHT

„Bu-hu-hu-huuu, gru-hu-hu-huunz. Bu-huu-huu …", tönt es durch den klirrend kalten Sternenwald. Die Luft ist an diesem Dezembertag besonders still und klar. Und eigentlich ist alles ganz ruhig und friedlich. Eigentlich …

„Buuuu-hu-huhu, gruuu-hu-huu-hunz!"

„Zur dreifach gezackten Doppelspitze, was ist denn das für ein furchtbares Geheule?", beschwert sich der alte Horst vom Forst. „Trifft sich etwa schon wieder der nichtsnutzige Tannenkinder-Chor?"

„Unverschämtheit!" Theo von Tanningen schüttelt verärgert seine Zweige. „Unser Baumschüler-Weihnachtschor hat nur ganz selten falsch gesungen. Sogar die liebe Fiona Fichte hat gesagt, dass unser Geknarze ein wahrer Genuss beim großen Waldfest war …"

Theo blickt erwartungsvoll zu Igel Luis und Eichhörnchen Millie.

„Ja, äh, also …", beginnt Luis stotternd und rollt sich im nächsten Moment zur Kugel zusammen.

„Ach, jaaa, weißt du …", druckst Millie ungewöhnlich leise herum. „Das ist ja gerade aber auch ganz egal! Wollen wir nicht lieber nachschauen, wer da so entsetzlich weint?"

„Bu-hu-huu, bu-hu-huu, gru-hu-hu-hunz …"

Millie spitzt ihre Ohren. „Vielleicht braucht jemand unsere Hilfe?! Kommt ihr mit?"

Theo zieht seine Nadel-Augenbrauen hoch und blickt seine Freundin abwartend an. Und auch Luis, der sich blitzschnell wieder aufgerollt hat, kräuselt die Stirn.

„Ooooh, upsi", sagt Millie mit einem entschuldigenden Grinsen. „Du kannst natürlich nicht mitkommen, Theo! Du bist ja festgewachsen. 'tschuldige, wie doof von mir."

„Gru-hu-hu-huuunz, bu-hu-huhu, bu-hu-hu …", hallt es abermals durch den Wald.

Gerade will Theo seine Freunde allein auf die Suche schicken, als er sieht, wie ein riesiges Wildschwein auf die Lichtung rennt. Es schluchzt und jammert so herzzerreißend, dass sich Theo alle Tannennadeln aufstellen. Und…, ach du Schreck! Das Wildschwein scheint vor lauter Tränen nichts mehr zu sehen, und es rast genau auf ihn zu!

„Stop! Oh nein, warte!" Theo weiß nicht, was er tun soll. Er kann ja nicht ausweichen. Zur heiligen Wurzel, das war's wohl mit seiner Weihnachtsbaum-Karriere. Aus und vorbei! Er kneift die Augen fest zusammen und macht sich bereit für den Aufprall.

„HAAAAAALT!!"

Als Theo die Augen wieder öffnet, sieht er, dass sich Eichhörnchen Millie und Igel Luis schützend vor ihn gestellt und das Wildschwein in allerletzter Sekunde zum Anhalten gebracht haben.

Luis stehen alle Stacheln zu Berge, und er rollt sich ein paarmal zusammen und wieder auseinander. Ja, sogar Millie sieht kreidebleich aus.

Theo kann es nicht fassen. Seine winzigen Freunde haben ihn gerettet.

„Danke!", flüstert er, während sich das Wildschwein auf den Hintern plumpsen lässt und noch lauter und bitterlicher heult als zuvor.

„Bu-hu-hu-huuu, gru-hu-hu-hu-huuunz, bu-hu-hu-huuu..."

„Bist du jetzt etwa traurig, dass du mich nicht umrennen durftest?", fragt Theo verwirrt und auch ein bisschen beleidigt.

„Also das könnte ich wirklich gut verstehen", ertönt da das knarzig-knorrige Lachen von Horst vom Forst.

Theo rümpft seine Zweige. Dieser alte Knarzkasten!

„Bu-hu-huuu, nein", schluchzt das Wildschwein unterdessen. „Aber dass deine Freunde ihr Leben für dich riskiert haben. Bu-hu-hu-huuu, das ist so rührend! Jeder im Wald

hat einen Freund. Nur ich bin ga-ha-ha-haaanz allein! Tut mir wahnsinnig leid, dass ich euch so erschreckt habe, gru-hu-hu-huunz!"

Theo fühlt sich gleichzeitig wohlig warm unter seiner Rinde und als wären seine Äste unendlich schwer. Ja, seine Freunde sind die allerbesten! Und er ist der glücklichste Tannenbaum der Welt, weil er Millie und Luis an seiner Seite hat. Aber dass sich dieses Wildschwein so einsam fühlt, und das noch so kurz vor Weihnachten, ist ja furchtbar!

„Alles okay, liebes Wildschwein", versucht er es zu beruhigen. „Erzähl doch mal der Reihe nach, was passiert ist."

Das Wildschwein zieht laut grunzend die Nase hoch.

„Mein Name ist Gundula."

„Oh, dann bist du ein Wildschwein-Mädchen", stellt Luis fest und lächelt schüchtern.

„Na klar, als Eber wäre ich, grunz, doch viel größer."

Theo muss schlucken. Er findet Gundula schon ziemlich riesig.

„Und möchtest du uns erzählen, wovor du eben davongerannt bist, Gundula?", fragt er schnell.

„Ach, ich dachte, ich könnte mich mit den süßen Kaninchen und den anmutigen Rehen anfreunden. Die sind so hübsch und knuffig, gru-hu-huunz!" Gundulas Schnauze laufen schon wieder dicke Tränen hinunter. „Aber als ich sie fragte, ob sie meine Freunde sein wollen, gru-hu-hu-hunz, da haben sie nur gelacht. Weil ich nicht anmutig bin, gru-hu-hu-hunz. Oder hübsch oder niedlich. Und ein seidigzartes Fell habe ich erst recht nicht, nur dicke Borsten. Bu-hu-hu-hu, kein Wunder, dass niemand mein Freund sein will."

Theo hört, wie der knarzige Horst vom Forst vor sich hin murmelt: „Allein ist man eh besser dran!"

„Oje, oje, oje, ich kann verstehen, dass du deshalb Reißaus genommen hast", gibt Luis unterdessen zu.

„Papperlapapp!", ruft Millie plötzlich so schroff, dass Gundula, Luis und Theo sie mit weit aufgerissenen Augen ansehen.

„Gru-hu-hunz, du magst mich bestimmt auch nicht", schluchzt Gundula. „Tut mir leid. Ich lass euch wieder in Ruhe, bu-hu-huuu!"

„So ein Quatsch mit Tannenzapfensirup!", erwidert Millie und stemmt ihre kleinen Pfoten in die Hüften.

Theo zieht erschrocken die Luft ein. Was ist bloß mit Millie los? Sie ist doch sonst nicht so gemein. Gerade will er sie zur Rede stellen, da poltert Millie weiter: „Also echt mal, Gundula! Wen kümmert es schon, ob diese albernen Rehe und Kaninchen hübsch sind? Nett sind sie auf jeden Fall nicht! Im Gegensatz zu dir!"

Theo atmet erleichtert aus. So kennt er Millie! Und auch Luis nickt zustimmend.

„Außerdem können diese Rehe doch gar nichts außer niedlich sein", schimpft Millie. „Die stehen nur doof herum. Ich bin zum Beispiel super darin, auf Bäume zu klettern, was

total nützlich ist." Schon saust Millie die hohe Buche hinauf und holt eine der letzten Bucheckern herunter.

„Ooooh, wow, das würde ich auch gerne können", staunt Gundula.

„Du bist dafür aber total groß und stark", erwidert Millie. „Niemand würde sich dir freiwillig in den Weg stellen", fügt sie lächelnd hinzu.

Luis und Theo können sich ein Grinsen nicht verkneifen. Und sogar Gundula huscht ein winziges Schmunzeln übers Gesicht.

Theo ist stolz auf Millie. Wie sie Gundula Mut macht, ist einfach toll!

Und da fällt ihm auch etwas ein. Er räuspert sich. „Was hast du vorhin gesagt, Gundula? Hab ich das richtig verstanden? Du hättest gern ein seidig-zartes Fell statt deiner Borsten?"

„Ja, ich glaube, so etwas hat sie gesagt", steigt Igel Luis mit ein und guckt verständnislos an sich herunter. „Also meine Stacheln beschützen mich hervorragend vor dem Fuchs und anderen Bösewichten. Und wenn ich mal die Pfoten frei brauche, könnte ich sogar mein Obst daran aufspießen", erklärt er stolz. „Zeig mir mal ein Reh, das das kann!"

„Genau, und meine piksigen Nadeln sind auch genial!", erklärt Theo. „Sie halten Weihnachtskugeln fest …"

„Und man kann sich super darin verstecken!", ruft Millie fröhlich. „Bestimmt sind deine Borsten auch unschlagbar – als warmer Winterpelz zum Beispiel."

„Sei stolz darauf!", ergänzt Luis.

„Also, ich, äh … grunz … ich wollte …"

„Ich kann dir eins verraten, liebe Gundula", fällt Millie dem Wildschwein grinsend ins Wort. „Ich würde diese beiden Stachelmonster gegen keinen flauschigen Freund der Welt eintauschen."

Luis lächelt zufrieden und Theo stupst seine Freundin sanft mit einem Zweig an. „Wir haben dich auch lieb, Millie. Und das sogar, obwohl du so flauschig bist."

Da muss Millie ganz schön lachen. „Sehr großzügig!"

„Gru-hu-hu-hunz, oh, das ist so schön!", schluchzt Gundula schon wieder. „Ich hoffe, solche Freunde finde ich auch mal. Bu-hu-huu!"

Theo blickt kurz zu Millie und Luis, und alle drei nicken sich vielsagend zu. Dann verkündet Theo feierlich: „Also wenn du willst, liebe Gundula, dann hast du solche Freunde bereits gefunden."

Das Wildschwein zieht grunzend die Luft ein. „Soll das etwa heißen …?!"

„Ganz genau! Wir möchten gerne deine Freunde sein", bestätigt Theo mit einem warmen, glücklichen Lächeln.

Im nächsten Moment beginnt Gundula so laut zu jubeln, dass es durch den gesamten Sternenwald zu hören ist.

„Na toll, eine Quasselstrippe mehr, die noch dazu eine Heulboje ist. Als ob es hier nicht schon laut genug wäre", grummelt der alte Horst vom Forst.

Aber darüber können Theo und seine Freunde nur lachen.

Den Rest des Tages knabbern die vier leckere Beeren und Nüsse. Sie erzählen sich Geschichten über wilde Stachelmonster und singen Lieder über niedliche Nichtsnutze, bis die Sonne hinter den letzten Wipfeln des Sternenwaldes verschwunden ist.

3. EIN TANNENBAUM BRAUCHT URLAUB

Im Sternenwald knistert es verheißungsvoll vor Kälte. Ein Rotkehlchen-Mädchen zwitschert ein fröhliches Weihnachtslied. Die Mäuse spielen im Unterholz Fangen. Alle sind guter Dinge.

Nur Theo von Tanningen fühlt sich gar nicht wohl. Träge reckt er seine Äste, die sich steif und schwer anfühlen. Er gähnt und fragt sich, ob Winterschlaf nicht auch etwas für eine Tanne wäre.

„Theo?", hört er da Luis' vorsichtige Stimme.

„Hm."

„Ist alles in Ordnung?", möchte der kleine Igel wissen.

„Was soll schon sein?", antwortet Theo betrübt.

„Du machst ein Gesicht wie drei Tage Hochsommer", neckt Eichhörnchen Millie und springt fröhlich um Theo herum.

Aber nicht einmal sie kann Theo gerade aufmuntern.

„Können wir dir, grunz, irgendwie helfen?", fragt Wildschwein Gundula.

„Ach, es passiert einfach nichts", erwidert Theo kraftlos. „Jeden Tag sieht Förster Tobias im Sternenwald nach dem Rechten. Jeden Tag kommen Menschen und nehmen einen Baum mit. Jeden Tag beschwert sich der alte Horst vom Forst."

„Das ist ja wohl der Wipfel!", knarzt Horst heiser. „Unverschämtheit!"

„Genau", seufzt Theo gelangweilt. „Jeden Tag das Gleiche."

Gundula grunzt besorgt. Und sogar Millie blickt Theo ganz traurig an.

„Oje, oje, oje", murmelt Igel Luis. „Ich glaube, Theo leidet an akutem Stumpfsinn."

Millie und Gundula gucken genauso ratlos, wie Theo sich fühlt.

Luis räuspert sich. „Das bedeutet, dass Theo so müde und gelang-

weilt ist wie ein alter Baumstumpf. Er braucht dringend Unterhaltung und Abwechslung. Tannenbaum-Urlaub sozusagen. Sonst wird er bald ganz braun und morsch", erklärt Luis.

„Oh weh, was machen wir denn jetzt?", grunzt Gundula entsetzt.

„Ach herrje!", erschrickt auch Millie. „Aber wie soll ein Tannenbaum denn Urlaub machen? Er kann doch nicht von hier weg."

„Ja, das stimmt", gibt Luis zu. „Aber vielleicht könnten wir ihn mitnehmen, indem wir ihm von unseren Abenteuern erzählen."

„Das ist eine geniale Idee!", jubelt Millie lauthals. „Und wir machen einen Geschichten-Wettbewerb daraus."

Gundula nickt eifrig. „Au ja, und Theo darf am Ende, grunz, entscheiden, wer gewinnt. Ich fange an!"

Theo weiß gar nicht, wie ihm geschieht. Da holt Gundula bereits tief Luft: „Vor etwa einem Jahr lief ich nichtsahnend durch den Sternenwald und grunzte mein liebstes Weihnachtslied. Und auf einmal erschnupperte ich den wundervollsten Duft, den es überhaupt geben kann. Ich lief immer der Nase nach, bis ich zum Haus der Försterfamilie kam, grunz. Und da waren sie!"

Hm, was Gundula bei Förster Tobias wohl gefunden hat?! Theo merkt, dass er allmählich neugierig wird.

„Auf dem Tisch hinter dem Haus lagen komische Platten mit winzigen, warmen Köstlichkeiten, grunz. Ich versuchte, an sie heranzukommen, aber plötzlich gab es einen Höllenlärm. Zum Glück kam Förster Tobias aus dem Haus, um mir zu helfen."

Millie beginnt zu kichern. „Bist du sicher, dass er dir helfen wollte?"

„Na klar", grunzt Gundula.

„Er hat ‚Unsere Plätzchen!' gerufen und die kleinen Leckereien auf den Boden gelegt, damit ich besser an sie herankomme."

Nun muss auch Luis schmunzeln. „Könnte es sein, dass du die Plätzchen davor selbst runtergeworfen hast und das den Krach gemacht hat?"

„Nein, Blödsinn, grunz. Förster Tobias wollte mit mir teilen. Und ich kann euch nur sagen: Es war unbeschreiblich, unfassbar köstlich, grunz!"

„Hat der Förster dich nicht verjagt?", wundert sich nun auch Theo.

„Hm, nein", überlegt Gundula. „Er hat mit den Armen herumgefuchtelt. Damit wollte er mich warnen, nicht zu schnell zu fressen", seufzt Gundula dankbar. „Aber es war so lecker, dass ich alles ratzfatz vertilgt hatte."

Millie und Luis prusten los.

„Echt witzige Geschichte", jubelt auch ein kleiner Dachs und klatscht gemeinsam mit zwei Schneehasen Beifall.

Theo hat gar nicht gemerkt, dass die drei sich dazugesellt haben. So lustig war Gundulas kleines Abenteuer.

„Ich gebe dir 7 von 10 Punkten", verkündet er und fühlt sich schon ein bisschen weniger müde. Der Geschichten-Wettbewerb macht ja richtig Spaß.

„Jetzt du, Luis", bestimmt Millie.

„Oje, oje, oje, aber ich weiß nicht, was ich erzählen soll. Ich hab doch immer Angst und erlebe nichts Spannendes", erwidert Luis unsicher.

„Dann erzähl uns das Unheimlichste, das dir je passiert ist", schlägt Millie vor.

„Oh, hm", überlegt Luis. „Das war auch letztes Jahr kurz vor Weihnachten. Ich lief gerade den zugeschneiten Hügel hinter der Baumschule entlang. Da passierte es: Ein böser Fuchs griff mich an. Er knurrte und fletschte seine Zähne."

„Oh weh! Ich weiß nicht, ob ich diese Geschichte mag", wimmert Theo. Aber er merkt auch, wie lebendig er sich plötzlich fühlt. „Ja, ich hatte so eine Angst, dass mir fast das Herz stehen blieb", fährt Luis fort. „Aber zum Glück habe ich mich blitzschnell zusammengerollt und der Fuchs nahm Reißaus."

„Oh, wie gut!", seufzt Theo erleichtert.

„Allerdings jaulte der Fuchs so laut, dass ich vor Schreck das Gleichgewicht verlor und den Hügel hinunterkullerte. Ich verwandelte mich in eine Schneekugel und rollte immer schneller und größer dahin, bis ein Strauch mich bremste."

Theo kann nicht anders als zu grinsen bei der Vorstellung der riesigen weißen Luis-Kugel.

„Das war mehr als genug Abenteuer für ein ganzes Leben!", kichert Luis. „Zum Glück hab ich mir auch gar nicht wehgetan."

„Wow, war das unheimlich. Und auch noch lustig!", ruft

der junge Dachs und klatscht mit den beiden Schneehasen, einer siebenköpfigen Mäusefamilie und einer Eule eifrig Beifall.

Wie toll doch so ein Geschichten-Wettbewerb ist! Theo kann kaum seine Äste stillhalten, als er sich umsieht und immer mehr Tiere entdeckt.

„Nach reiflicher Überlegung gebe ich dir 8 von 10 Punkten, lieber Luis", beschließt Theo.

„Dann bin ich jetzt an der Reihe!", verkündet Millie. „Auch meine Geschichte ist kurz vor Weihnachten passiert. Alles war zuckerweiß verzaubert und sah wunderschön aus. Aber ich hatte einen ganz und gar furchtbaren Tag, weil ich mich mit Luis gestritten hatte."

„Oh ja, ich erinnere mich", sagt Theo. „Ihr wolltet gar nicht mehr miteinander reden, weil du Luis eine Nuss vor der Nase weggeschnappt und ihn ›langsam‹ genannt hast. Und Luis hat dir vorgeworfen, dass du nur an dich selbst denkst."

„Ja, deshalb bin ich den ganzen Tag wütend und traurig durch den Schnee gestapft. Erst als es zu dämmern begann, fiel mir auf, dass ich dringend nach Hause musste.

Der Weg führte über den Hügel, von dem man auf die Stadt blicken kann. Und plötzlich sah ich aus dem Augenwinkel …"

„Oh weh, ich weiß nicht, ob ich noch eine unheimliche Geschichte aushalte", ruft Theo und schüttelt sich vor Sorge um seine Freundin.

Aber Millie lächelt nur. „Auf einmal erblickte ich das Allerschönste, das ich überhaupt je gesehen habe. Ich sah die Stadt in der gemütlichen Winterdämmerung – mit ihren tausenden Weihnachtslichtern, die so wundervoll funkelten, als wär der gesamte Sternenhimmel einfach auf diesen einen Fleck auf der Erde gefallen."

„Das klingt sagenhaft schön", haucht Theo.

„Ja, und auf einmal fühlte ich mich ganz sorglos und friedlich. All der Ärger war weg und ich verstand, dass Luis einfach verletzt und nicht absichtlich gemein war. Und da wollte ich ihn nur noch in den Arm nehmen."

„Ein echter Weihnachtszauber", flüstert Theo glücklich.

„Ganz genau. Ich flitzte zu Luis, um mich zu entschuldigen. Und ab dem Tag haben wir nie wieder schlimm gestritten."

„Wie schööööön, gru-hu-huunz", schnieft Gundula, während die anderen Tiere kräftig in die Pfoten, Hufe und Flügel klatschen. Inzwischen sind noch zwei Biber, ein großer Hirsch und etliche Vögel dazugekommen.

„Liebe Gundula, lieber Luis und liebe Millie, eigentlich solltet ihr alle drei den Geschichten-Wettbewerb gewinnen", sagt Theo feierlich. „Aber weil Millie so eine mitreißende Weihnachtsgeschichte erzählt hat, gebe ich ihr 10 von 10 Punkten. Herzlichen Glückwunsch, liebe Millie!"

Gundula, Luis und alle anderen Waldtiere klatschen und jubeln so begeistert, dass Millie gar nicht weiß, was sie sagen soll.

„Geht es dir nun weniger stumpfsinnig, lieber Theo?", fragt Gundula liebevoll, als sich die Zuschauer nach und nach verabschieden. „Du siehst auf jeden Fall, grunz, nicht mehr so blass aus."

„Ich habe mich noch nie so lebendig gefühlt", erwidert Theo wie berauscht. „Denn ich habe die besten Freunde auf der ganzen Welt. Danke! Der Geschichten-Wettbewerb war eine großartige Idee. Was wäre ich nur ohne euch!?"

„Vielleicht ein erträglich leiser Nachbar!", poltert der alte Horst vom Forst und bringt die Freunde noch einmal ordentlich zum Kichern.

4. LEISE RIESELT DIE FREUNDSCHAFT

An diesem Morgen liegt eine ganz besondere Stimmung über der Lichtung und dem dichten Sternenwald. Theo von Tanningen wundert sich, warum die Luft so anders riecht. Noch frischer als sonst und ein bisschen geheimnisvoll.

Was das wohl zu bedeuten hat? Theo blickt sich neugierig um. Aber er kann nichts Ungewöhnliches entdecken. Der alte Horst vom Forst steht genauso krumm und knorrig da wie immer. Und aus der Tür des Sternenwald-Forsthauses tritt gerade die kleine Försterstochter Greta mit Schal und dicker Mütze und blickt in den Himmel.

Theo schaut ebenfalls nach oben und … – Mist! Jetzt ist ihm doch glatt etwas ins Auge geflogen. Aber es tut nicht weh, sondern ist einfach nur kühl und erfrischend feucht. Merkwürdig!

Zack, jetzt hat er noch so ein Ding auf der Nase. Ist das etwa …?!

„Schneeeeeee! Juhuuuuu!", jubelt Eichhörnchen Millie und wetzt wie eine rote Rennmaus um Theo herum. „Es schneit, es schneit, es schneeeeeeeiiiit!"

Na klar! Darauf hätte Theo echt früher kommen können. Die winzigen weißen Wunderteilchen sind natürlich Schneeflocken.

„Endlich Schnee!", seufzt er. Nun kann die Vorweihnachtszeit so richtig beginnen, mit all ihrem Zauber und ihren Geheimnissen. Hach, einfach herrlich!

„Einfach schrecklich! Jedes Jahr dieses lästige nasskalte Schneezeugs! Meine alten Äste sind dafür nicht gemacht. Es tut schon weh, wenn ich nur daran denke!"

Typisch! Alle freuen sich, dass es schneit. Nur der alte Horst vom Forst hat etwas zu meckern.

„Oje, oje, oje, auch das noch!", murmelt Igel Luis.

„Hallo, mein Lieber", begrüßt Theo seinen stacheligen Freund.

Aber Luis antwortet nicht. Stattdessen kratzt er sich am Kopf und beginnt, vor Theo auf und ab zu laufen.

„A – B – C – der Igel läuft im Schnee", singt Theo vergnügt.

„Oje, oje, oje. Was mache ich jetzt bloß?", murmelt Luis weiter vor sich hin.

„Ooch, ich weiß es!", japst Millie und springt aufgeregt auf und ab. „Du machst mit mir eine Schneeballschlacht. Oder wir bauen ein Schneehörnchen. Oder …"

„Ähh, ich glaube, du musst dich noch etwas gedulden, Millie", gibt Theo lachend zu bedenken. „Es liegt doch erst eine hauchdünne Schicht am Boden."

„Ach, Papperlapapp. Es schneit, es schneit, es schneiiiit", … beginnt Millie wieder lauthals zu singen.

Dann streckt sie ihre Zunge raus und fängt damit eine der winzigen watteweichen Flocken. „Mmmh, mjam!"

„Stimmt, vielleicht kann ich den Winter über Schneeflocken essen", überlegt Luis.

„Schnee fressen?", fragt Gundula verwirrt. Sie ist gerade bei ihren Freunden angekommen und lässt sich schwungvoll auf den Waldboden neben Theo plumpsen. „Wieso solltest du das denn tun?"

Luis guckt sie mit tieftraurigen Augen an. „Mein schönes Winternest", stammelt er. „Die morsche, alte Eiche ist draufgestürzt. Wo soll ich jetzt bloß meinen Winterschlaf halten?"

Da stutzt Millie und starrt Luis entsetzt an. Auch Theo kann kaum glauben, was er da hört. „Wieso sagst du das denn erst jetzt? Das tut mir so leid für dich", beteuert er. Er hat ein richtig schlechtes Gewissen. Wie konnten sie sich nur mit den Schneeflocken beschäftigen und gar nicht auf ihren Freund achten?!

„Zum Glück ist dir nichts passiert!", ruft Millie und huscht zu Luis, um ihn in den Arm zu nehmen.

„Ja, aber meine gemütliche Erdhöhle und mein riesiger, fluffiger Blätterhaufen darüber …" Luis' Stimme beginnt zu zittern. „Alles zerstört."

„Können wir irgendetwas für dich tun?", fragt Gundula bestürzt.

„Ich weiß nicht", antwortet Luis und schüttelt immer wieder

ratlos den Kopf. „Ich bin so müde. Direkt nach Weihnachten wollte ich mich für meinen Winterschlaf hinlegen. Und nun bin ich obdachlos."

„Und wenn du eine neue Erdhöhle buddelst?", fragt Millie vorsichtig. „Oder du kommst zu mir in meinen Kobel. Etwas Gesellschaft bei meiner Winterruhe fände ich echt gemütlich!"

„Das ist lieb. Aber erstens pikse ich dich dann ständig. Zweitens kann ich den Baum doch nicht hochklettern." Luis seufzt verzweifelt. „Und eine neue Höhle zu graben, würde zu lange dauern. Vor allem jetzt, da es schneit …"

„Nicht, wenn wir dir helfen!", beschließt Gundula voller Tatendrang. „Ich kann zum Beispiel mit dir graben, grunz."

„Au ja!" Millie blickt auf ihre winzigen Pfoten. „Buddeln kann ich zwar nicht so gut wie Gundula. Aber ich kann Blätter und Moos sammeln."

Luis blickt unsicher in die Runde.

„Ich kann auch helfen!", ruft Theo da, um seinem Freund noch mehr Mut zu machen. „Als Baum weiß ich schließlich, wo die beste Stelle in der Erde für eine Höhle ist. Außerdem habe ich hervorragende Augen und kann Millie sagen, wo sie weiches Moos und fluffige Blätter findet."

„Das sind tolle Ideen!" Luis wischt sich eine Träne weg. „Glaubt ihr wirklich, wir können das schaffen?"

„Na klar! Wenn wir alle mithelfen. Also los geht's", treibt Theo seine Freunde voller Tatendrang an. „Neben dem Wacholderbusch ist die Erde weich und hat ganz wenige Wurzeln. Da könnt ihr im Handumdrehen eine bequeme neue Erdhöhle ausheben."

„Dann werden wir ja Nachbarn", stellt Luis verblüfft fest und sieht Theo dankbar an. „So hat mein Unglück sogar etwas Gutes."

Theo freut sich, dass Luis wieder lächeln kann.

Und die nächsten Stunden buddeln, graben, scharren und werkeln Luis und Gundula, was das Zeug hält. Währenddessen wetzt Millie mithilfe von Theos Adleraugen durch die Gegend, bis sie einen richtigen kleinen Berg aus Moos, trockenem Gras und Laub zusammengetragen hat.

Schließlich sinken die drei völlig erledigt neben Theo auf den Waldboden, der inzwischen von einer glitzernden Schneeschicht bedeckt ist.

„Die Höhle ist tatsächlich fertig!", verkündet der Igel glücklich. „Mit dem frischen Moos und Heu ist sie sogar gemütlicher als meine alte. Und der Laubhaufen darüber ist auch fast so groß wie mein letzter. Ich hätte nie geglaubt, dass wir das hinkriegen."

„Wenn wir zusammenhalten, schaffen wir doch alles!", ist sich Theo sicher.

„Was würde ich nur ohne euch machen? Ihr habt meinen Winterschlaf gerettet!", schnieft Luis und kuschelt sich an Theos Stamm. „Danke!"

„Gern geschehen, mein lieber Luis", flüstert Theo gerührt.

„Nichts zu danken, gruhuuunz", erwidert Gundula und muss sich ein paar Tränen wegwischen.

„Aber klar doch, alte Stachelkugel", sagt Millie mit ihrem breitesten Grinsen und stupst Luis in die Seite.

Erschöpft, aber glücklich rücken die Freunde näher zusammen und blicken in die immer dichter fallenden Schneeflocken.

„Jetzt können wir das wunderzarte Flockengewimmel auch alle genießen", raunt Theo und beginnt zu singen:

„Leise rieselt der Schnee, still und starr ist die Fee!"

„Wenn du nur mal ein Lied richtig singen könntest", seufzt Millie kichernd.

„Wo die rote Baumratte recht hat, hat sie recht", knarzt der alte Horst vom Forst.

„Wir können natürlich auch eine Schneeballschlacht machen, statt zu singen", schlägt Theo grinsend vor.

Millie guckt ihn verwirrt an. „Aber da hast du doch keine Chance!"

„Das meinst du!", erwidert Theo lachend. Er schüttelt seine schneebedeckten Zweige, bis sich Millie, Luis und Gundula in drei kleine Schneemonster mit Zipfelmützen verwandelt haben.

„Na warte!", prustet Millie und klaubt möglichst viel Schnee zusammen. „Jetzt kannst du was erleben!", feixt sie und wirft gemeinsam mit Luis und Gundula einen Schneeball nach dem nächsten auf Theo.

Hach ja, echte Freunde sind doch einfach das Beste auf der Welt!

5. KEINE ZEHN FÖRSTER

Der Sternenwald hat sich über Nacht in eine wunderweiße Schneelandschaft verwandelt, und alle Bäume glänzen mit ihrer dicken Puderzuckerschicht. Theo von Tanningen schüttelt noch einmal seine Nadeln auf und fühlt sich wie der prächtigste Tannenbaum weit und breit.

„Ja, ich spüre es in den Wurzeln: Heute ist bestimmt mein Glückstag!", raunt er und beobachtet aufgeregt, wie Förster Tobias eine Familie zur Baumschule schickt.

„Oooh, juhuuu, die sehen richtig nett aus. Und sie kommen bestimmt zu mir!", freut sich Theo. Er wird immer hibbeliger, als das Elternpaar mit den drei Kindern in seine Richtung läuft. Doch dann biegen sie vorher ab, um sich an einer anderen Stelle umzuschauen. Und schließlich jubelt eine Mädchenstimme ein ganzes Stück entfernt: „Der soll es werden!"

Theo lässt enttäuscht seine Äste hängen. Schon wieder!

„Manchmal frage ich mich, ob aus mir überhaupt noch ein Weihnachtsbaum wird", seufzt er traurig. Wenn alle Familien ihre Tanne im vorderen Teil der Baumschule aussuchen, hat er einfach keine Chance.

„Ach, wer will schon so ein blöder Weihnachtsbaum werden?!", knarzt der alte Horst vom Forst. „Im Wald ist es doch viel besser."

War ja klar, dass die alte Harzschleuder sich wieder einmischt. Wieso bloß muss Horst alles miesmachen?

„Ich will liebend gerne ein Weihnachtsbaum werden! Und mir ist egal, was du dazu sagst", antwortet Theo. Er hat gerade nicht die geringste Lust, mit Horst zu reden.

„Also mich brächten keine zehn Förster dazu!", knarzt Horst. „Für irgendwelche unfreundlichen Plastikverzapfer den Weihnachtsbaum geben?! Dann behängen sie mich mit Kitsch, bis ich meine Äste kaum noch hochhalten kann. Und im nächsten Jahr vergessen sie mich einfach und nehmen einen anderen Baum. Pfff, nein danke!"

Theo spürt, wie sich jede einzelne seiner Nadeln aufstellt.

Dieser knorrige Knarzkasten hat doch wirklich nicht die geringste Ahnung!

„Du könntest dich glücklich schätzen, wenn du der Weihnachtsbaum einer Familie werden dürftest", platzt es aus Theo heraus.

„Da würde ich mir ja lieber alle Nadeln einzeln ausreißen – wie so ein zweitklassiger Laubbaum, der sich keinen Wintermantel leisten kann", patzt Horst.

„Als Weihnachtsbaum könntest du endlich mal jemandem Freude bringen", raunzt Theo, „statt immer nur herumzumeckern wie der älteste Grummelstumpf der Welt."

„Mir bringt doch auch keiner Freude", motzt Horst zurück. „Stattdessen muss ich eure ständige Quasselei aushalten."

„Bei der heiligen Haselnuss, was ist denn hier los?!"

Theo und Horst verstummen, als sie Eichhörnchen Millies Stimme hören. Theo spürt, wie all seine Nadeln zum Piksen bereitstehen. Er weiß nicht, ob er jemals so zornig war.

„Nichts", antwortet er einsilbig.

Theo merkt, wie Millie ihn aufmerksam mustert. Das fühlt sich richtig unangenehm an. Eigentlich erzählt er seiner Freundin ja immer alles. Aber er will Horsts Gemeinheiten ganz sicher nicht wiederholen.

Und nun huscht Millie ausgerechnet zu diesem krummknorrigen Brummbaum und betrachtet ihn ebenso eingehend wie zuvor Theo. Was soll das bloß?

Gerade als Millie fertig ist, kommen Igel Luis und Wildschwein Gundula an, und Millie beginnt direkt mit ihnen zu tuscheln. Wie gemein! Haben Theos Freunde etwa Geheimnisse vor ihm?!

Nach einer gefühlten Ewigkeit hören sie endlich mit der Flüsterei auf. Aber nun schmiegt sich Gundula merkwürdig behutsam an Theos Stamm und reibt ihren Kopf an seinen unteren Ästen. Millie klettert währenddessen geschickt an Theo empor. Sie krault seine Zweige, poliert seine Tannenzapfen blank und rückt sogar seine Nadeln gerade.

„Ooooh, mmh", brummt Theo. Seine Freunde verhalten sich zwar komisch. Doch es fühlt sich richtig gut an. Und obwohl Theo eigentlich mit Wütendsein beschäftigt ist, kann er nicht anders, als seine Augen zu schließen und genüsslich zu seufzen.

„Ich finde deine Nadeln wunder-, wunderschön, lieber Theo." Das ist die Stimme von Luis. „Sie haben den perfektesten Grünton im ganzen Sternenwald. Manchmal wünschte ich, dass ich auch grün wäre wie du. Schließlich bist du der netteste Tannenbaum, den ich kenne. Und …"

Luis sagt so viele nette Sachen, dass Theo nicht anders kann, als zu lächeln.

„... und du wirst bestimmt der beste und prächtigste Weihnachtsbaum der ganzen weiten Welt."

„Aber was, wenn nicht?" Die Worte sind Theo einfach herausgerutscht. Und mit ihnen hat sich ein ganz schweres, ängstliches Gefühl in ihm breitgemacht.

„Wieso solltest du kein wundervoller Weihnachtsbaum werden?", fragt Luis vorsichtig. „Du bist wunderschön und nett und überhaupt wie gemacht dafür."

„Genau, ich wette, dass dich bald eine richtig nette Familie aussucht", stimmt Gundula zu.

„Die wären schön blöd, wenn nicht!", ruft Millie und stupst ihren Kopf liebevoll gegen Theos Stamm.

„Wir drei würden dich auf jeden Fall auswählen!", ist sich Luis sicher.

„Danke", flüstert Theo. Er fühlt sich schon ein bisschen besser. Seine Freunde sind großartig!

Und während sich Gundula weiter an Theos Stamm kuschelt, trippeln Luis und Millie hinüber zum alten Horst.

„Vielleicht liegt es an all den jungen Baumschülern um Sie herum. Aber Ihre Größe ist wirklich beeindruckend, werter Herr vom Forst", sagt Luis schüchtern.

Millie ist weniger zaghaft und klettert wie ein geölter Eich-

hörnchen-Blitz auf die knorrige Tanne.

„Hey, was soll das denn? Wehe, du knabberst meine Tannenzapfen an!", knarzt Horst ungehalten.

Doch dann beginnt Millie, auch Horsts Zweige zu kraulen. Und Theo könnte schwören, dass der Blick der alten Meckerstelze sofort etwas sanfter wird. Langsam ahnt Theo, warum sich seine Freunde so merkwürdig verhalten.

„Ich wette, kein Baum hier in der Gegend hat so starke Wurzeln wie Sie", fährt Luis unterdessen fort. „Sie wirken richtig bodenständig."

„Jawoll, mich bekommt keiner hier weg", erwidert Horst stolz.

„Ich könnte mir diese Lichtung auch gar nicht ohne Sie vorstellen. Sie sind bestimmt sogar älter als das Forsthaus, oder?", vermutet Luis.

„Hm, na ja, nicht ganz. Der Großvater von Förster Tobias, der alte Förster Peter, hat mich gepflanzt, als er noch ein kleiner Junge war", erklärt Horst und seine Stimme klingt ein bisschen wehmütig.

„Oh, das wusste ich gar nicht. Waren Sie auch mal Teil der Baumschule, Herr vom Forst?", fragt Luis ehrfürchtig.

„Nenn mich lieber Horst, sonst komm ich mir komisch vor", sagt der alte Baum mit einem heiseren Lachen. Dann wird er wieder ernst. „Ja, ich gehörte zur Baumschule. Aber ich bin zu krumm gewachsen. Deshalb wollte mich niemand mitnehmen." Horst muss schlucken. „Aber weil ich Förster Tobias an seinen Großvater erinnere, darf ich bleiben – zwischen euch Jungspunden."

Theo kann es nicht fassen. Der alte Horst vom Forst wollte selbst mal ein Weihnachtsbaum werden. Aber niemand mochte ihn haben.

Theo spürt einen dicken Harzkloß in seiner Kehle. Was für eine traurige Geschichte! Und kein Wunder, dass Horst keine gute Nadel an Weihnachten lassen kann.

„Ich finde, unser Wald braucht ganz dringend so knorrige Bäume wie dich", meldet sich Gundula zu Wort. „An euch kann man sich am besten den Rücken kratzen, grunz."

„Und in alten Bäumen gibt es die gemütlichsten Höhlen für den Winterschlaf", fällt Luis ein.

„Nur mit alten, krummen Bäumen sieht ein Wald richtig märchenhaft aus", gibt Theo kleinlaut zu. „Wahrscheinlich ist das sogar der Grund, warum die Menschen überhaupt so verrückt nach Weihnachtsbäumen sind."

„Und nur so ein alter Knarzkasten wie du versteht, was ein echt hölzerner Humor ist", fügt Millie hinzu und muss so schallend lachen, dass alle anderen mit einstimmen.

Theo spürt, wie gut das Lachen gerade tut. Er wirft einen dankbaren Blick zu Millie, Luis und Gundula. Ganz schön hinterlistig und ganz schön toll, wie sie aus Horst und ihm herausgekitzelt haben, worüber sie sich tatsächlich ärgern.

Auch Horst vom Forst scheint durch das Reden und Lachen gleich viel entspannter. „Na, ihr seid schon ganz in Ordnung", kichert er heiser.

Und Theo merkt, dass er die alte Tanne in ihrer Knorrigkeit gar nicht mehr so lästig, sondern überraschend liebenswert findet. Schließlich versteht er endlich, warum Horst so ist, wie er ist.

Und eins muss man Horst vom Forst lassen: Er kann richtig spannende Geschichten aus alten Zeiten erzählen! Die Freunde rücken eng zusammen und staunen, was er schon alles erlebt hat.

Der alte Baum erzählt und erzählt, bis ihm vor Müdigkeit die Augen zufallen. Theo und die Tiere bemühen sich, mucksmäuschenstill zu sein, damit Horst seinen wohlverdienten Mittagsschlaf halten kann. Gute Nachbarn nehmen schließlich Rücksicht aufeinander.

6. ADVENT, ADVENT, EIN GEBURTSTAGSLICHTLEIN BRENNT

Im gesamten Sternenwald herrscht emsiges, knisterndes Adventstreiben. Die Waldtiere flüstern aufgeregt miteinander über ihre Weihnachtspläne. Die Tannenbäume summen Weihnachtslieder. Und hin und wieder huschen ein Hase oder eine Maus durch den Schnee und suchen nach besonders schönen Weihnachtsgeschenken.

Auch unter Theo von Tanningens Rinde kribbelt es vor Vorfreude. Klar, auf Weihnachten, aber nicht nur …

„Wie gut, dass ihr kommt", begrüßt Theo Eichhörnchen Millie und Wildschwein Gundula. „Ich muss dringend mit euch reden!", flüstert er und sieht sich vorsichtig um.

„Nanu? Warum denn die Geheimniskrämerei?", will Millie sofort wissen und wetzt einmal um Theo herum. Sie liebt Geheimnisse und ist zum Bersten neugierig.

Theo überlegt, ob er das Eichhörnchen noch ein bisschen auf die Folter spannen soll. Aber wer weiß, wann Igel Luis aus seinem Erdloch gekrochen kommt. Auch wenn ihr Freund sich gerade zu einem echten Langschläfer entwickelt. Kein Wunder, denn die meisten Igel machen schon längst Winterschlaf. Nur Luis will unbedingt bis Weihnachten durchhalten.

Theo sieht sich nochmals wachsam um, dann weiht er seine Freundinnen leise ein: „Es ist wegen Luis' Geburtstag."

„Ach sooo", stöhnt Millie enttäuscht. „Das ist ja gar nicht so spannend."

Gundula guckt verwirrt zwischen Theo und Millie hin und her. „Wieso? Was ist denn mit seinem Geburtstag, grunz? Ist der nicht im Sommer wie bei allen Igeln?!"

„Nein, Luis wurde am 22. Dezember geboren, zwei Tage vor Heiligabend", erklärt Theo. „Seine Mama war ein riesengroßer Weihnachtsfan. Und genau das ist Teil des Problems! Luis hatte noch nie eine richtige Geburtstagsparty. Immer sind alle mit Weihnachtsvorbereitungen beschäftigt."

„Das ist ja traurig, buu-hu-hu", beginnt Gundula zu schluchzen.

„Pssst, nicht so laut", erinnert Theo. „Ich finde es auch traurig. Jeder von uns feiert Geburtstag und Weihnachten. Aber für Luis gibt es nur ein Fest."

„Stimmt, letztes Jahr hat er sogar nur ein Geschenk für beides zusammen bekommen", fällt Millie auf.

„Genau, und wir feiern seinen Geburtstag nie so groß, wie wir das im Sommer täten", fügt Theo hinzu.

Gundula zieht die Nase hoch. „Dann schmeißen wir dieses Jahr die tollste Geburtstagsparty für ihn, die der Wald je gesehen hat, grunz, juhuuu!", ruft sie voller Tatendrang und Millie nickt aufgeregt.

„Pssst!", zischt Theo noch einmal. „Es soll doch eine Überraschung werden!"

„Ja, pssst!", knarzt der alte Horst vom Forst dazwischen. „Nicht mal leise könnt ihr sein."

Da wispert Millie mucks-eichhörnchen-leise: „Wir haben aber echt nicht mehr viel Zeit! Und wir müssen noch Gäste einladen, die Lichtung dekorieren, Geschenke besorgen, Essen vorbereiten …"

„Stimmt." Theo muss schlucken. „Meint ihr, das ist zu viel?"

„Ach, Quatsch mit Tannennadelsirup!", ruft Millie kichernd. „Lasst uns einfach gleich loslegen."

„Womit loslegen?", fragt Luis. Er streckt den Kopf aus seinem verschneiten Blätterhaufen und gähnt ausgiebig.

„Damit … ähm …", stammelt Theo.

„Ja, also …", stottert Gundula.

„Gut, dass du da bist, Luis", antwortet Millie locker. „Du kannst Theo Gesellschaft leisten, während ich der Mäusefamilie sage, dass sie abends nicht mehr so laut Fangen spielen sollen", erklärt sie und verdreht die Augen.

Theo ist tief beeindruckt. Millie ist wirklich eine gute Schauspielerin!

„Und ich habe heute Morgen, grunz, aus Versehen die Krähen bei ihrem morgendlichen Geburtsta… äh … Weihnachtslied gestört. Ich gehe mich mal entschuldigen", beschließt Gundula.

„Wieso entschuldigen?", knarzt Horst vom Forst. „Könntest du sie nicht öfter stören?"

Aber Gundula und Millie haben sich schon auf den Weg durch den verschneiten Sternenwald gemacht.

Und die nächsten Tagen sehen genauso aus. Millie und Gundula traben hierhin und flitzen dorthin, um Vorbereitungen für die große Geburtstagsparty zu treffen. Sie laden alle Waldtiere ein, basteln Dekoration und bereiten Geschenke vor. Währenddessen lenkt Theo Igel Luis ab, was keine leichte Aufgabe ist.

„Oje, oje, oje, Millie ist schon so lange weg, obwohl sie nur kurz zur Eule wollte. Ich gehe mal nach ihr suchen", sagt Luis. Oder: „Ich bin so müde, ich glaube, ich mache einen Spaziergang, damit ich nicht einschlafe."

Dann muss sich Theo ganz schnell etwas einfallen lassen.

„Ooooch, bleib doch noch ein bisschen und sing mit mir ein Weihnachtslied!"

„Ihr Igelein kommet und bleibet doch hier. Zu Theo her kommet, damit ich nicht frier."

„Auweia, habt ihr denn wirklich kein einziges Lied richtig gelernt?", meldet sich dann der alte Horst zu Wort.

Aber nach vielen Ausreden und neuen Liedern ist der große Tag endlich da. Millie und Gundula haben die Lichtung mit all den hübschen Girlanden geschmückt, die sie gebastelt haben – aus Tannenzapfen, Eicheln, roten Beeren, trockenem Laub und ein paar Strohsternen.

Nach und nach trudeln auch die Gäste ein. Die Schneehasen, die Hirsche, drei Eulen, die große Mäusefamilie, zwei Füchse und immer mehr und mehr Waldtiere. Und als Luis Langschläfer aus seinem Erdloch krabbelt, sind alle so still, dass man eine Schneeflocke fallen hören könnte.

Theo fühlt sich wie ein Flitzebogen aus Tannenholz. So gespannt ist er, wie Luis auf die Überraschung reagieren wird.

Der Igel reibt sich träge den Schlaf aus den Augen. Er reckt sich und streckt sich, gähnt ausgiebig und dann – steht er stocksteif da und blinzelt ungläubig in die Runde.

Um sicherzugehen, dass er nicht träumt, pikst sich Luis mit einem seiner Stacheln in den Finger. Dann huscht ein winziges Lächeln über sein Gesicht.

„Herzlichen Glückwunsch zum Geburtstag!", rufen Theo, Millie, Gundula und alle anderen Gäste im Chor.

„Oje, oje, oje, ihr seid ja verrückt geworden!", haucht Luis

gerührt und strahlt jetzt wie ein Honigkuchenigel.

„Wir wollten, dass du endlich mal eine richtige Geburtstagsparty bekommst."

„Die beste Geburtstagsparty des Jahres, um genau zu sein", ruft Millie und wirft eine Pfote voll Laubkonfetti in die Luft.

„Danke!", schnieft Luis. „Ein Fest nur für mich! Das habe ich mir schon immer gewünscht!"

„Bu-hu-hu-huuuu, gern geschehen", schluchzt auch Gundula.

„Ja, von Herzen gern geschehen!", stimmt Theo zu und spürt ebenfalls kleine Harztränen in seinen Augen.

„Na klar, für dich tun wir doch alles, alter Laubhaufen-Hocker", ruft Millie und knufft Luis so frech in die Seite, dass alle lachen müssen.

„Wie alt bist du überhaupt geworden?", fällt Gundula da ein.

„Fünf Jahre", antwortet Luis immer noch sehr bewegt. Dann fügt er stolz hinzu: „Das heißt, für einen Igel bin ich schon so ein alter Mann wie unser Horst vom Forst hier. Ab jetzt müsst ihr in meiner Nähe immer ganz leise sein."

„Sehr witzig", grummelt die alte Nordmanntanne. „Aber trotzdem herzlichen Glückwunsch."

„Danke, lieber Horst", antwortet Luis strahlend.

„Es gibt natürlich auch noch Geschenke", verkündet Millie. „Von mir bekommst du diese Federsammlung. Es sind die zartesten, die ich all den Vögeln des Waldes abschwatzen konnte. Damit du trotz deiner Stacheln einen super bequemen Winterschlaf halten kannst", erklärt sie, und Theo kann sehen, wie sehr Luis über das Geschenk staunt.

„Ich habe für dich, grunz, die leckersten Nüsse und Samen unseres Waldes gesammelt. Wenn du aus deinem Winterschlaf erwachst, grunz, hast du sofort ein paar traumhafte Leckereien parat", freut sich Gundula.

„Bei meinem Geschenk hat mir Biber Billy geholfen", erklärt Theo. „Aus einem meiner Äste hat er einen Stern genagt, wie viele Weihnachtsbäume ihn auf der Spitze tragen. Er passt genau auf deinen Igelkopf. Weil du, lieber Luis, Weihnachten so liebst, ein riesengroßes Herz hast und bestimmt einen tierisch-fantastischen Weihnachtsbaum abgeben würdest."

Luis beginnt ganz heftig zu blinzeln. „Das sind die besten Geschenke, die ich je bekommen habe! Danke", sagt er schniefend und umarmt seine Freunde.

„Wohin sollen unsere Haselnüsse?", fragt da die Mäusefamilie.

„Wo kann ich die Bucheckern hinlegen?", erkundigt sich ein Streifenhörnchen.

„Und wir unser Heu?", möchten die Hirsche wissen.

Luis räuspert sich, lächelt seinen Freunden noch einmal dankbar zu und beginnt dann, die zahlreichen Geburtstagsgäste zu begrüßen.

Theo sieht ihm verblüfft zu. Luis wirkt viel gelassener als sonst. Ob das am Alter liegt? Noch vor einem halben Jahr hätte er sich bei so viel Besuch kaum aus seiner Igelkugel herausgetraut.

„Vielleicht war eine große Feier genau das, was Luis gebraucht hat, um etwas selbstsicherer zu werden", raunt Theo Millie und Gundula zu, die grinsend nicken.

Und dann feiern die Freunde mit allen Waldtieren ein rauschendes Fest. Sie singen Geburtstags- und ein paar Weihnachtslieder. Sie tanzen und wiegen sich im Takt. Sie knabbern an den Leckereien des Büfetts. Und sie freuen sich mit Luis über seinen wunderbaren Ehrentag – bis der Mond schon lange über dem Winterwald aufgegangen ist und die Sterne miteinander um die Wette funkeln.

7. EIN WEIHNACHTSBAUM MIT LAMPENFIEBER

Theo von Tanningen blickt nachdenklich über die schneebedeckte Waldlichtung hinweg zum Forsthaus. Wunderhübsch weihnachtlich ist es geschmückt. Mit dutzenden weißen Lichtern und aus dünnen Zweigen geflochtenen Sternen. So schön sieht es aus inmitten des winterlich verzauberten Sternenwaldes.

Morgen ist es endlich so weit! Morgen ist Weihnachten! Theo freut sich so sehr darauf, das große Fest gemeinsam mit seinen lieben Freunden Eichhörnchen Millie, Igel Luis und Wildschwein Gundula zu feiern. Ja, sogar der grummeligen alten Nordmanntanne Horst vom Forst möchte Theo liebend gerne frohe Weihnachten wünschen.

Allerdings fühlen sich Theos Äste auch ein bisschen schwer und traurig an, weil ihn keine Familie zu ihrem Weihnachtsbaum gemacht hat. So gerne hätte Theo ein paar Kindern die Feiertage versüßt und sie den Zauber von Weihnachten spüren lassen.

Theo seufzt. Da bemerkt er Tobias und seine Tochter Greta, die gerade aus dem Forsthaus kommen. Beide zählen zu Theos absoluten Lieblingsmenschen. Greta ist ein richtig schlaues Mädchen mit einem großen Herzen. Und Förster Tobias ist ohnehin der Beste. Denn er hegt und pflegt die kleinen Baumschüler mit so viel Liebe und Hingabe, als wären sie seine Kinder.

„Vielleicht dieser hier? Oder der hier drüben?", fragt der Förster, während er mit Greta von Baum zu Baum geht. Aber das kleine Mädchen schüttelt immer wieder den Kopf, dass ihre Locken fliegen. Bis sie schließlich genau vor Theo steht und ihn von oben bis unten mustert.

„Der hier, Papa!", bestimmt sie und strahlt ihren Vater an.

„Sehr gute Wahl, mein Schatz", bestätigt Tobias und stellt einen kleinen Karton neben Theo in den Schnee. „Dann lass uns mal den Rest der Sachen aus dem Haus holen."

Nanu?! Theo versteht kein Wort. Was die beiden wohl vorhaben?

„Hallo, Theo. Na, alles im dunkelgrünen Bereich?", reißt ihn da Eichhörnchen Millie aus seinen Gedanken. „Was ist denn das? Hast du schon ein Geschenk bekommen?", feixt Millie, als sie den Karton neben Theo entdeckt. Doch bevor er antworten kann, hat sie schon einen Blick hineingeworfen.

„Der helle Wahnsinn!", ruft Millie.

„Wieso? Ist da was zu essen drin?", fragt Wildscheindame Gundula, die gerade über die Lichtung kommt. „Leckere Plätzchen vielleicht, grunz?"

„Nein, da ist …"

„Oder vielleicht etwas ganz Gefährliches?", vermutet Igel Luis, der zaghaft aus seinem Laubhaufen hervorblickt. „Seid bloß vorsichtig!"

„Quatsch mit Waschbärenspucke", antwortet Millie kichernd. „In dem Karton liegen eine Lichterkette und ein großer goldener Stern."

„Sehr merkwürdig", murmelt Theo verwirrt.

„Das klingt nicht lecker", grummelt Gundula. „Plätzchen wären besser."

„Ach, ihr Knallköpfe", seufzt Millie ungeduldig. „Versteht ihr denn nicht?! Die Lichterkette und der Stern bedeuten, dass Theo in diesem Jahr der Weihnachtsbaum der Försterfamilie wird – und von uns Waldtieren. Ist das nicht absolut giganto-zauber-tastisch?!"

Kann das wirklich wahr sein? Theo hält den Atem an, während Millie, Gundula und Luis lauthals zu jubeln beginnen.

„Oh, ich freu mich so für dich!", grunzt Gundula.

„Jetzt geht dein größter Traum in Erfüllung", haucht Luis.

„Theo wird ein Weihnachtsbaum! Theo wird ein Weihnachtsbaum!", singt Millie ausgelassen.

Und da begreift allmählich auch Theo. Er wird tatsächlich ein Weihnachtsbaum! Und noch dazu für die liebste Familie der ganzen Welt!

„JUUUUUHHHHUUUUUUUUUUUUUUUU!!"

Wenn Theo nicht festgewachsen wäre, würde er hochspringen und im Kreis tanzen, so aufgeregt ist er.

„Pssst, sie kommen zurück!", warnt Luis und zieht seinen Kopf zurück in den Laubhaufen, während sich Gundula und Millie hinter ein paar Büschen verstecken.

Förster Tobias und die kleine Greta stapfen wieder auf Theo zu. Der Förster hat diesmal gleich drei übereinandergestapelte Kartons im Arm und stellt sie in den Schnee. Und Greta legt noch eine kleine bunte Schachtel dazu.

Die beiden öffnen die Kisten, und Theo entdeckt rote Kugeln, Strohsterne und goldene Tannenzapfen darin.

„Es stimmt tatsächlich. Ich werde ein Weihnachtsbaum", flüstert er und kann sein Glück gar nicht fassen.

Als Förster Tobias kurz darauf die Lichterkette um ihn wickelt, versucht Theo ganz stillzuhalten. Aber … ach du meine Güte, wie doll das kitzelt!

Theo kann gar nicht anders, als die ganze Zeit herumzuzappeln.

„So eine störrische Kette", lacht Tobias und befestigt das letzte Lämpchen an Theos Spitze. Dann steckt der Förster eine kleine Tafel neben Theo in den Boden.

„Was ist das?", fragt Greta.

„Dieses Täfelchen sammelt Sonnenlicht", erklärt Förster Tobias. „So können die Lämpchen ohne Strom aus der Steckdose leuchten."

Theo ist begeistert. Er wird mit echtem Sonnenlicht geschmückt. Das ist ja noch viel besser, als ein Weihnachtsbaum in irgendeiner Wohnung zu werden.

Dann hängen Greta und ihr Papa nach und nach die Kugeln, Sterne und Tannenzapfen an Theos Zweige.

„Aaaaah … hihihihihi … Aufhören! … Haha … nein … hahahaha … nicht da! …", kichert er und ist zum ersten Mal froh, dass die Menschen ihn nicht verstehen können.

„So, nun noch die Weihnachtsbaumspitze!" Förster Tobias gibt Greta den großen goldenen Stern und hebt sie hoch.

Theo versucht, sich ihr unmerklich entgegenzuneigen. Aber es kitzelt so doll …

„Aua, der Baum pikst", beschwert sich Greta.

Oh nein! Aber immerhin sitzt die Spitze nun, und Theo hat das Schmücken endlich überstanden.

„Etwas fehlt noch!", ruft Greta da und beginnt sofort zwischen den Kartons und Kisten zu kramen. Schließlich holt

sie eine wunderzarte, goldschimmernde Figur aus der kleinen bunten Schachtel und macht sie an Theos Zweigen fest. „Der Engel, den wir im Kindergarten gebastelt haben", stellt sie strahlend fest.

„Wunderbar, mein Schatz!", staunt Förster Tobias. „Jetzt haben wir den schönsten Weihnachtsbaum weit und breit.

„Pass gut auf meinen Engel auf, Weihnachtsbaum!", ruft Greta und hüpft fröhlich vor ihrem Vater zurück zum Forsthaus.

Da muss Theo schlucken. Die süße, federzarte Engelsfigur darf auf keinen Fall nass werden. Oder in die Pfoten eines fremden Tieres geraten. Was, wenn Theo etwas falsch macht?

„Was ist denn mit dir los?", fragt Millie kurz darauf besorgt. „Du siehst aus, als ob du eine Papierfabrik gesehen hättest."

Noch bevor Theo antworten kann, geht seine Lichterkette plötzlich an, und er spürt ein furchtbares Kribbeln in der Nase.

„Ha-haa-haaaaatschiii! Hatschiiii! Haaaaatschii!"

Theo kommt aus dem Niesen nicht mehr heraus. Außerdem wird ihm warm, und er bekommt Schüttelfrost – bis die Lichterkette wieder erlischt.

Theo blickt sich verdattert um. Hat er jetzt auch noch die Beleuchtung kaputtgemacht? Was ist er bloß für ein kleiner Katastrophen-Weihnachtsbaum?!

Aber dann entdeckt er Luis, der gerade seine Pfote von dem Täfelchen zurückzieht. „Ich fürchte, lieber Theo, du hast Lampenfieber."

Um seine Vermutung zu testen, schaltet Luis die Lichterkette kurz wieder an.

„Haaaaaaatschiii!", niest Theo sofort. „Oh nein! Was mache ich denn jetzt?", fragt er verzweifelt. „Lampenfieber?! Kitzelig sein?! Fehlt nur noch, dass ich vor Aufregung braune Nadeln bekomme! Oje, als Weihnachtsbaum bin ich echt eine Niete!"

„Jetzt hör mir mal gut zu, lieber Theo!", sagt Gundula so bestimmt, wie Theo sie noch nie erlebt hat. „Du bist keine Niete, sondern der liebenswerteste Baum des gesamten Sternenwaldes. Und nur, weil du gerade ein bisschen nervös bist, macht dich das nicht zu einem schlechten Weihnachtsbaum, grunz."

„Aber was, wenn ich das Weihnachtsfest für die Försterfamilie kaputtmache?", murmelt Theo sorgenvoll.

„Das wird garantiert nicht passieren", ist sich Luis sicher.

Theo traut seinen Ohren kaum. Ausgerechnet der ewig ängstliche Luis erklärt felsenfest: „Du hast deine Ausbildung zum Weihnachtsbaum mit Auszeichnung abgeschlossen. Geschmückt bist du schon. Also ist es egal, ob du kitzelig bist. Und ein bisschen Lampenfieber ist ganz normal, wenn man etwas zum ersten Mal macht."

„Du denkst jetzt einfach daran, wie wundervoll du Weihnachten findest und was dir am besten daran gefällt", rät Millie.

Theo ist zutiefst gerührt, wie unerschütterlich seine Freunde an ihn glauben. Allein das hilft ihm schon, sich nicht mehr so verrückt zu machen. Zusätzlich denkt er an die wundervollen Seiten von Weihnachten, genau wie Millie es gesagt hat: die von Herzen kommenden Geschenke, das fröhliche Kinderlachen … Und er summt eines seiner liebsten Weihnachtslieder:

„Morgen werd ich nichts vermiesen,
Morgen werde ich nicht braun.
Ohne Fieber, ohne Niesen,
ja, da werdet ihr noch staunen."

All das bringt Theo das wunderbar warme Gefühl tief in seinem Stamm zurück. So wunderbar, dass selbst die leuchtende Lichterkette nur noch ein klitzekleines Kribbeln in seiner Nase hervorruft.

Dank seiner großartigen Freunde kann sich Theo also endlich wieder vom Stamm bis zur Weihnachtsbaumspitze auf den morgigen Heiligabend freuen – den tollsten und wichtigsten Tag des gesamten Jahres und in Theos Leben!

„Danke! Ich weiß gar nicht, womit ich euch verdiene", sagt Theo gerührt.

„Ja, das frage ich mich auch öfter. Womit habe ich das bloß verdient?!", knarzt der alte Horst vom Forst und zaubert auf die Gesichter der Freunde ein vorfreudiges Weihnachtslächeln.

8. EINE WUNDERWOHLIGE WALDWEIHNACHT

„Oh Tannenbaum, oh Tannenbaum,
wie grün sind deine Blätter?"

Theo von Tanningen steht in einem geräumigen, festlich geschmückten Wohnzimmer. Als er an sich hinabblickt, sieht er funkelnde Lichter, wundervoll glitzernde Ornamente und die schönsten und prächtigsten Geschenke.

Um Theo herum sind die Mitglieder einer richtig großen Familie versammelt: Mamas, Papas, Tanten, Onkel, Großeltern, Cousinen, Cousins und etliche Kinder, die alle gemeinsam das Ehrenlied der Tannenbäume singen.

Es ist einfach zu schön! Der Text klingt zwar etwas langweiliger, als Theo ihn in Erinnerung hat. Aber er ist trotzdem wahnsinnig stolz. Und all die strahlenden Kinderaugen, die ihn staunend anblicken, geben ihm ein Gefühl voller Freude und Zufriedenheit. Ja, genauso hat sich Theo Weihnachten schon immer vorgestellt.

„Darf ich als Erster ein Geschenk öffnen?", fragt ein kleiner Junge mit Sommersprossen auf der Nase. „Ich bin schon so gespannt!"

Moment, etwas stimmt noch nicht. Ja, Theo ist sich ganz sicher. Irgendetwas fehlt! Er zählt seinen Weihnachtsbaumschmuck. Er zählt die Lämpchen an seiner Lichterkette. Und er zählt die Geschenke, die unter ihn gelegt wurden. Alles ist vollzählig.

Dann sieht sich Theo im Wohnzimmer um. Es gibt schöne Dekoration und köstlich duftende Plätzchen. Die Familie hat gesungen, und nun spielt über einen Lautsprecher leise Weihnachtsmusik.

Nein, Theo fällt nichts ein, das fehlt.

„Bu-hu-hu-huuu, ich will jetzt endlich mein Geschenk öffnen, grunz", quengelt der kleine Junge.

„Oje, oje, oje, aber wir wollten doch erst noch unsere Wintervorräte nachzählen", antwortet sein Vater.

„Ach, Quatsch mit Walnussmatsche. Lass uns lieber einen Schneemann bauen, juhuuuu", schlägt die Mutter vor.

Und während Theo allmählich aufwacht, weiß er ganz genau, was in seinem Weihnachtstraum gefehlt hat. Denn selbst das schönste Weihnachtsfest ist nicht vollkommen ohne Theos beste Freunde: Wildschwein Gundula, Igel Luis,

Eichhörnchen Millie und natürlich die Försterfamilie.

„Guten Morgen, werter Herr Weihnachtsbaum", begrüßt Millie Theo und verbeugt sich kichernd vor ihm. „Hoffentlich haben Sie an Ihrem Ehrentag gut geschlafen? Lange genug war es ja", feixt sie.

„Wieso, wie spät ist es denn?", gähnt Theo ausgiebig und streckt seine Äste. Dabei entdeckt er unter sich sechs wunderhübsche Geschenke. Sofort ist er ganz aufgeregt. Heute ist wirklich Heiligabend und er ist ein echter Weihnachtsbaum! Der helle Wahnsinn!

„Es ist schon weit nach Mittag", antwortet Millie grinsend.

„Waaaaas?" Theo erschrickt. Dabei wollte er diesen wunderbaren Tag doch voll und ganz auskosten. Zum Glück ist schon alles vorbereitet.

„Unsere Überraschung für den alten Du-weißt-schon-wen geht klar, oder?", raunt er Millie zu und reckt seine Zweige.

„Klar wie ein Kastanien-Cocktail", erwidert Millie mit einem Zwinkern.

Zufrieden schüttelt Theo seine Äste auf, was seinen Baumschmuck leise klimpern lässt.

„Sag mal, Theo, du hast wirklich nicht gesehen, wer die Päckchen gebracht hat? Der Weihnachtsmann oder das Christkind?", fragt Millie neugierig.

Theo schüttelt seine Spitze. „Nein, ich habe wie ein kleines Tannenbaby geschlafen. Vielleicht ist das ein ewiges Weihnachtsgeheimnis", trällert er zufrieden.

Millie verdreht die Augen und beschließt, dann eben einen Schneemann zu bauen. Luis und Gundula helfen mit, aber der Schneemann sieht am Ende trotzdem aus, als ob er bereits geschmolzen wäre. Und auf einmal saust Millie schnurstracks an Theos Ästen empor.

„Du willst doch bestimmt etwas beisteuern, oder?", fragt sie grinsend und nimmt ein paar der kleineren Kugeln von Theos Rückseite.

„Aber, hey, das ist doch mein Weihnachtsschmuck!", grummelt Theo.

Doch als er kurz darauf erkennt, wofür Millie die Kugeln braucht, ist er umso gerührter.

„Ihr habt eine Schneetanne gebaut", stellt Theo grinsend fest. „Danke, ihr seid so lieb!" Und dann fällt Theo ein, dass

es nach dieser Überraschung für ihn auch an der Zeit für eine andere Überraschung ist. „Die Schneetanne ist ja schon ganz schön. Aber meint ihr nicht, dass da noch ein paar Strohsterne fehlen?", fragt er und zwinkert seinen Freunden vielsagend zu.

„Jetzt, wo du es sagst ... ", stimmt Millie zu und holt sich noch eine Ladung Schmuck von Theos Zweigen. Luis und Gundula tun das Gleiche. Und dann traben die drei zielstrebig zu Horst vom Forst.

„Hey, was soll das denn?! Euren Kitsch könnt ihr ruhig behalten!", grummelt die alte Tanne verärgert.

Während Millie noch einen besonders schönen Strohstern an Horsts Spitze befestigt, beginnt Theo zu erklären: „Unser lieber Horst, wir wissen ja nun, dass du vor langer Zeit auch einmal ein Weihnachtsbaum werden wolltest. Inzwischen ist der Wald deine Heimat, wo du für immer hingehörst. Wir möchten dir aber ermöglichen, auch ein winziges bisschen Weihnachtsbaum zu sein. Das ist unsere Weihnachtsüberraschung für dich."

„Dir ist der ganze Klimbim doch nur zu schwer für deine dürren Äste", brummt Horst. Aber Theo spürt, wie gerührt er ist. „Und wahrscheinlich ist dir klar geworden, dass mir der Glitzerkram viel besser steht als dir", vermutet Horst mit einem schiefen Grinsen und beginnt heiser zu lachen.

„Frohe Weihnachten, Horst!", sagt Theo mit einem wohlig warmen Gefühl unter der Rinde.

„Frohe Weihnachten, Theo und der krabbelnde Rest", erwidert Horst so sanft und dankbar, dass Gundula direkt wieder anfängt zu schluchzen:

„Bu-hu-huuu-hu, es ist so schön, dass es euch alle gibt, grunz!"

In dem Moment sieht Theo, wie Förster Tobias, Försterin Anne und Greta in dicken Mänteln, mit Handschuhen, Schals und flauschigen Bommelmützen aus dem Forsthaus kommen.

„Es ist Zeit für die Bescherung", haucht Theo feierlich.

Millie, Luis und Gundula verstecken sich schnell, aber Theo kann sehen, wie sie hinter ihren Büschen und Bäumen hervorlugen. Natürlich wollen auch sie nichts verpassen.

„Juhuu, du hast auf ihn aufgepasst", freut sich Greta, als sie bei Theo angekommen ist. Sie streichelt den kleinen Engel an Theos Zweigen. „Du bist ein guter Weihnachtsbaum."

Und Theo ist sich sicher, dass er sich noch nie so rundherum froh gefühlt hat wie in diesem Moment.

Da geht Förster Tobias zu dem kleinen Täfelchen und knipst Theos Lichterkette an. Zwar spürt Theo sofort ein winziges Kribbeln in seiner Nase. Aber vor allem fühlt er sich überglücklich und in der immer stärker werdenden Dämmerung mit seinen warmweißen Lichtern und seinem glänzenden Schmuck auch wunderschön.

„Aah, wirklich ein bildhübscher Baum", staunt Försterin Anne. Greta nickt stolz, während Tobias ihre Hand nimmt. Dann betrachten alle andächtig den funkelnden Weihnachtsbaum, bis der Förster mit seiner wohligen, tiefen Stimme zu singen beginnt und Greta und ihre Mutter sofort mit einstimmen:

„Oh Tannenbaum, oh Tannenbaum,

wie grün sind deine Blätter?" Genau wie in Theos Traum, nur noch viel besser! Denn hier fehlt überhaupt nichts. Alles ist vollkommen! Ja, Theo ist so glücklich, dass er bestimmt auch ohne Lichterkette über die ganze Sternenwald-Lichtung strahlen würde. Er hat alles bekommen, was er sich gewünscht hat. Er durfte ein Weihnachtsbaum werden und trotzdem bei seinen Freunden im Wald bleiben.

„Danke!", wispert er in Richtung der Försterfamilie und in Richtung all seiner Freunde.

Und in dem Moment beginnen Tobias, Anne und Greta, sich zu umarmen und frohe Weihnachten zu wünschen. Dann darf jeder sein Geschenk unter Theo suchen. Der Förster packt einen neuen, superpraktischen Werkzeuggürtel aus, die Försterin ein paar Wanderschuhe und Greta

bekommt eine ganze Schachtel voller kleiner Tierfiguren: Ein Hirsch ist dabei, ein Wolf, ein Dachs, aber auch ein Wildschwein, ein Igel und ein Eichhörnchen. Theo freut sich fast noch mehr als die kleine Greta, die aufgeregt im Kreis herumspringt.

Als die Försterfamilie schließlich Arm in Arm zurück zum Haus geht, kommen Theos Freunde aus ihren Verstecken hervor.

„Was für schöne Geschenke! Hast du den kleinen Igel gesehen?!", freut sich Luis.

„Ja, und ein Wildschwein, grunz, gab es auch."

„Aber das Eichhörnchen war das Beste", grinst Millie.

Theo strahlt. „Dann ist es wohl an der Zeit für eure Geschenke", schlägt er vor.

„Au ja!", stimmt Millie zu.

Ungeduldig öffnet Gundula eine Dose voller Plätzchen, die sie in fünf Minuten verputzt hat. „Kööööstlich, grunz!"

Dann zieht Millie aus ihrem Geschenk ein flauschiges Daunenkissen. „Oh, wie gut! Ich hab ja meine schönsten Federn Luis geschenkt. Das wäre keine bequeme Winterruhe geworden", sagt sie erleichtert und beginnt genüsslich zu gähnen.

Zum Schluss ist Luis an der Reihe und packt ein Weihnachtsbaum-Stofftier aus. „Ooooh, wie wunderbar. Dann habe ich Theo sogar bei mir, wenn ich heute Nacht endlich meinen Winterschlaf beginne", schwärmt er und muss nun auch so lang und breit gähnen, dass er alle damit ansteckt – sogar den alten Horst vom Forst.

„Belästigung ist das", grummelt der, als er endlich wieder aufhören kann zu gähnen.

„Wir haben auch noch ein Geschenk für dich, lieber Theo", verkündet Luis.

Theo ist verwirrt. „Aber Weihnachtsbäume bekommen doch keine Geschenke."

„Du schon", weiß Millie. „Aber nur ein kleines", zwinkert sie ihm zu.

Und dann stimmen seine Freunde Theos liebstes Weihnachtslied an:

„Am Weihnachtsbaum, die Lichter brennen,
er ist so schön und durchgeknallt.
Wir sind so froh, dass wir ihn kennen
der beste Freund im Sternenwald!"

Theo kann es nicht fassen. Seine Freunde haben sich extra für ihn einen neuen Text ausgedacht. Wow!

„Danke!", flüstert er bewegt. „Ihr seid die Besten! Und das war mit Abstand der schönste Advent und das wundervollste Weihnachtsfest, das ich mir wünschen konnte!"

Theos Freunde schmiegen sich an ihn und blicken glücklich in den Sternenhimmel. Gretas kleiner Engel schaukelt friedlich hin und her. Und während Theo ihn betrachtet, wird er auch selbst immer ruhiger und seliger.

„Was für ein wonniges Gefühl", seufzt Theo glücklich. „Frohe Weihnachten euch allen!"

„Frohe Weihnachten, Theo!"

Katharina Mauder, geboren 1982 in Karlsruhe, arbeitete mehrere Jahre als Lektorin in einem Kinderbuchverlag. Seit 2011 ist sie als freie Autorin für Bilder-, Vorlese- und Geschenkbücher tätig.

Horst Hellmeier ist ein österreichischer Illustrator und Comicenthusiast. Er illustriert Bücher aller Art; am liebsten mit einer Tasse Tee und guter Musik. Wenn er nicht gerade für ein Buchprojekt zeichnet, spaziert er gerne durch den Wald. Mit seiner Freundin lebt er im Grünen.

Mehr über unsere Bücher, Autoren und Illustratoren auf:
www.esslinger-verlag.de

Katharina Mauder, mit Bildern von Horst Hellmeier:
Theo von Tanningen – Ein Weihnachtsbaum mit Lampenfieber
978-3-480-23617-6

Einbandtypografie: Sabine Reddig, Designabdrei, Karben
Innentypografie: Fabia Schubert
Reproduktion: Schwabenrepro GmbH, Fellbach
Druck und Bindung: Livonia Print, Riga, Lettland

© 2020 Esslinger
in der Thienemann-Esslinger Verlag GmbH, Stuttgart
Printed in Latvia. Alle Rechte vorbehalten.